Un Bébé

Bonheur

UN CADEAU DE

POUR

Un Bébé...Quel Bonheur !

Bonheur! Un Bébé...

LES BEAUX-PETITS-LIVRES D' HELEN EXLEY
des cadeaux pour la vie

AUTRES LIVRES-CADEAUX D'HELEN EXLEY:

Bonjour Bébé
Le bonheur d'être mère
Lettre à un papa extraordinaire
Le bonheur d'être père
À une grand-mère extraordinaire
À un grand-père extraordinaire
Les fils...
Notre bébé livre souvenir
Le journal de bébé
Les mères-citations
Florilège à la gloire des mamans
Amour entre mères et filles
Amour entre mères et fils
Amour entre pères et filles
Amour entre sœurs
Tendre maman
L'amour fait tourner le monde
... ...

Aux bébés de ma vie qui sont Kezia et Jasper. HELEN

13, rue de Genval B - 1301 Bierges
Tél.: +32. 2. 654 05 02 - Fax : +32. 2. 652 18 34
e-mail: exley@interweb.be

D 7003/ 2001/ 2 ISBN 2-87388-219-0
Imprimé en Chine
2 4 6 8 10 12 11 9 7 5 3 1

UN BÉBÉ... QUEL BONHEUR!

UN LIVRE-CADEAU HELEN EXLEY

EXLEY
PARIS • LONDRES

UN NOUVEAU NÉ
C'EST COMME LE COMMENCEMENT
DE TOUTE CHOSE:
MERVEILLEUX, PLEIN D'ESPOIR
UN RÊVE DE POSSIBILITÉS.

EDA LESHAN

... le commencement de toute chose

Enfants d'un jour, ô nouveaux nés,
Petites bouches, petits nez,
Petites lèvres demi closes
Membres tremblants, si frais, si blancs, si roses.

ALPHONSE DAUDET

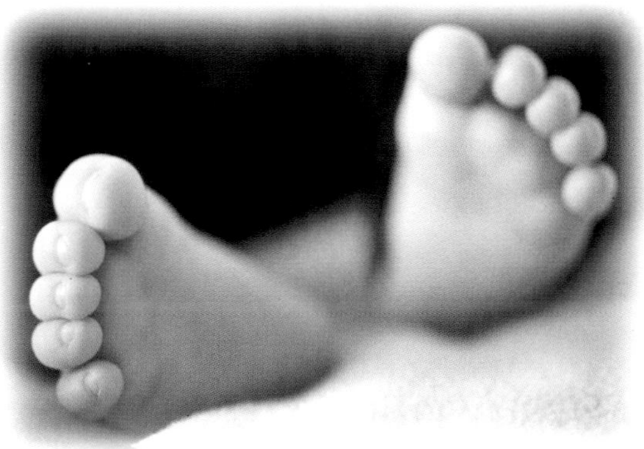

Chaque enfant est porteur du message que Dieu ne s'est pas encore découragé.

RABINDRANATH TAGORE, (1861 - 1941)

Le miracle de la vie

Avant de te concevoir
Je te voulais
Avant que tu ne sois né
Je t'aimais
Tu n'avais pas encore une heure,
Que j'aurais donné ma vie pour toi,
C'est le miracle de la vie.

MAUREEN HAWKINS

un nouveau-né

De toutes les joies qui illuminent
ce monde de souffrance,
en accueille-t-on une mieux que la naissance d'un enfant?

CAROLINE NORTON, (1808 - 1877)

ROSÉE DE L'AUBE EST L'ENFANT,
HUMIDE DE NAISSANCE.

CHARLOTTE DE CLUE, «*Mélodie du matin* »

La vie est une flamme
qui ne cesse de s'éteindre,
mais elle se ranime
chaque fois qu'un enfant naît.

GEORGE BERNARD SHAW, (1856 - 1950)

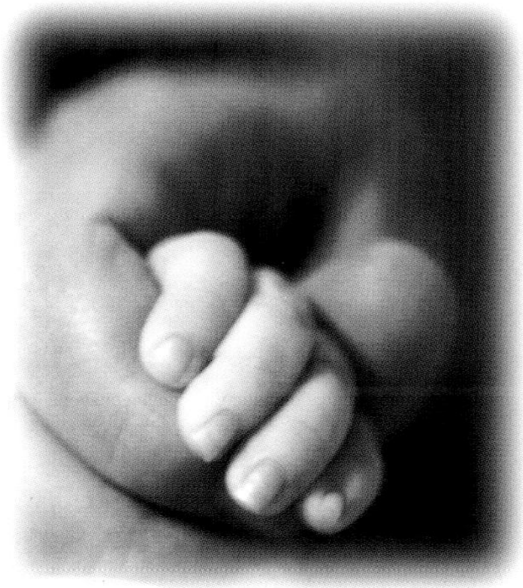

... qui s'empare à jamais de nos coeurs

Petit-enfant: tu as représenté un espoir, un rêve.
Maintenant tu es réalité.
Tu bouleverses l'ordre établi.
Si petit. Une poussière d'étoile.
Une âme aux confins de l'univers.
Un amour qui s'empare à jamais de nos cœurs…

CHARLOTTE GRANIER

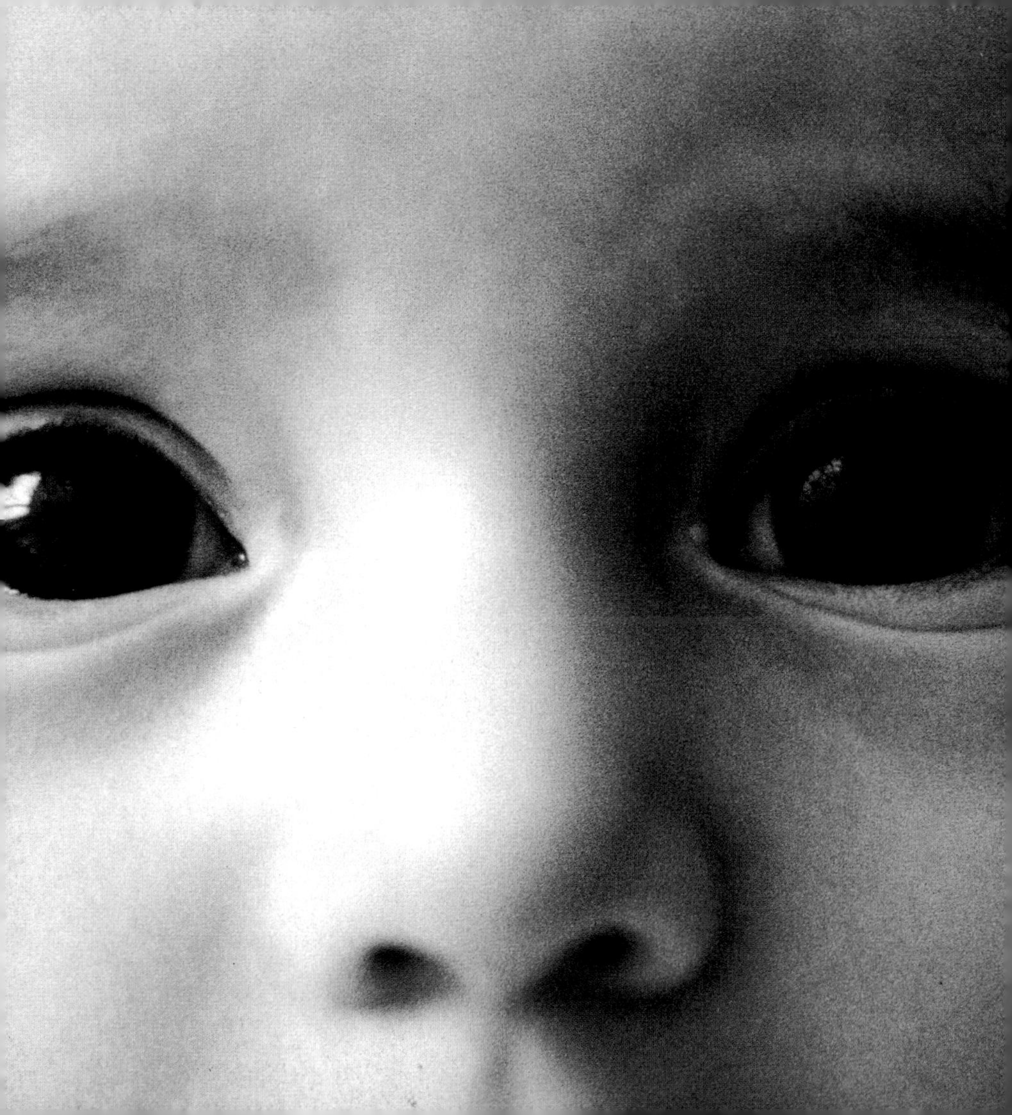

... et pour la première fois je l'ai prise

Puis ils me l'ont tendue, raidie par les pleurs. Pour la première fois je l'ai prise et l'ai embrassée, elle s'est calmée, apaisée par cette stratégie instinctive et je me suis senti totalement flatté d'avoir sur elle tant de pouvoir.

LAURIE LEE, (1914 - 1997) *«Deux femmes»*

Elle était née, hurlant et comme refusant l'air, le visage dépourvu de sagesse et de sérénité. ... Puis quelqu'un l'a mise dans mes bras. Elle leva les yeux vers moi. Reconnaissance, mémoire de deux âmes. Elle se détendit. Les pleurs cessèrent. Son regard se perdit en moi, m'imprégnant de sa douce chaleur. Je sentis le pouvoir de son amour se diffuser dans mon cœur.

SHIRLEY MACLAINE
« Dansez tant que vous le pouvez »

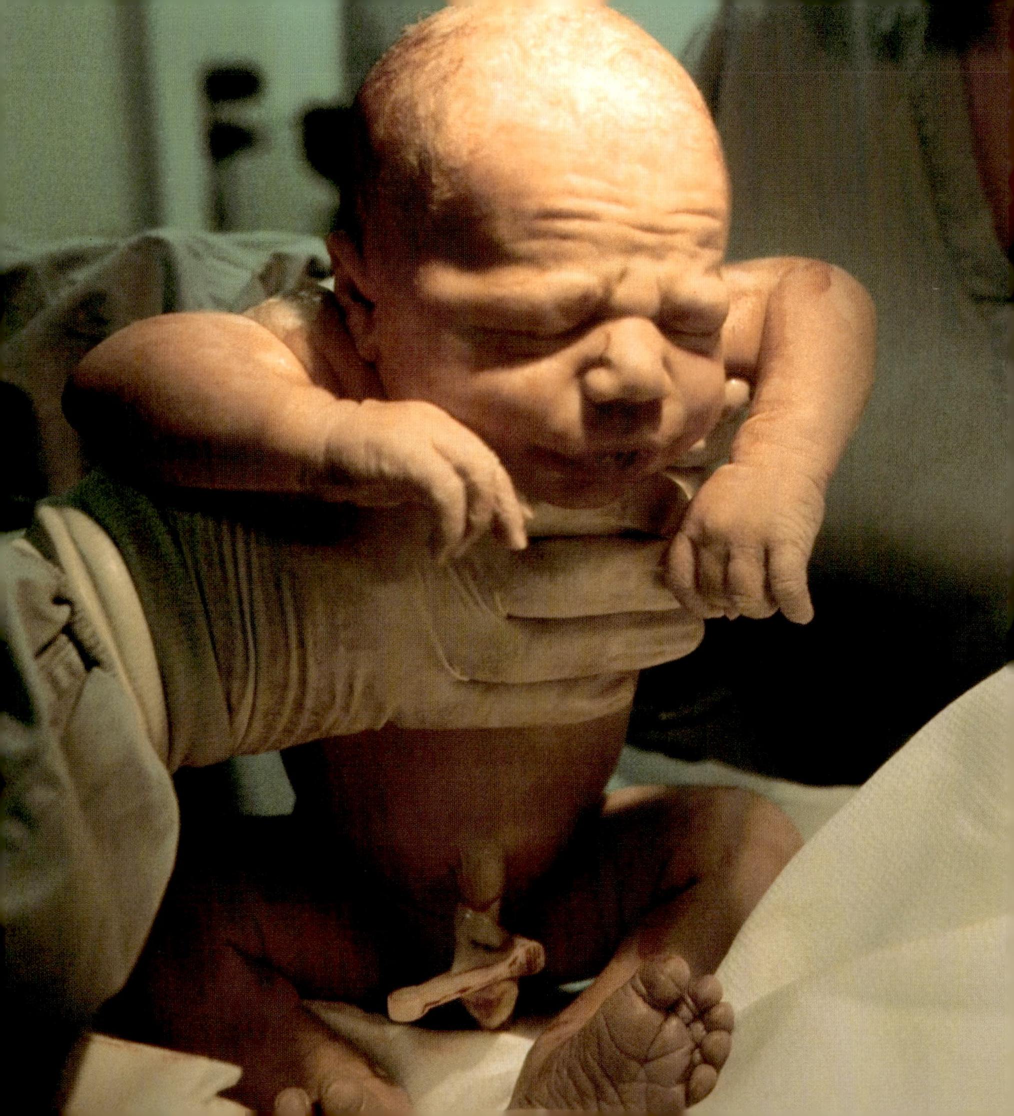

À peine née, bien sûr, elle ressemblait déjà à une centenaire, chancelant comme une vieille femme mourante, épuisée, ratatinée, chauve comme Voltaire, d'humeur chagrine, tordant ses petits poings fripés en grimaçant de mécontentement.

LAURIE LEE

JE N'OUBLIERAI JAMAIS LA PREMIÈRE FOIS OÙ JE T'AI VUE. TU ÉTAIS MOUILLÉE, COLLANTE, RIDÉE ET TU CRIAIS À TUE TÊTE. JE N'AVAIS JAMAIS RIEN VU DE PLUS PARFAIT ET PLUS BEAU.

STUART MACFARLANE

J'EMPORTERAI AVEC MOI TON PREMIER CRI, PARTOUT OÙ J'IRAI.

PAULA D'ARCY

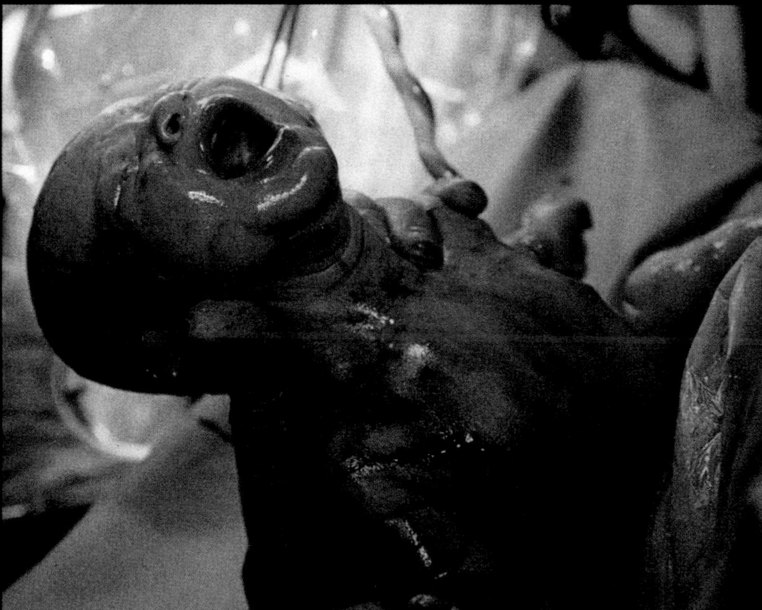

… ce que la vie signifie

AUCUN HOMME NE PEUT VÉRITABLEMENT SAVOIR CE QUE LA VIE SIGNIFIE, CE QUE LE MONDE SIGNIFIE, CE QUE TOUTE CHOSE SIGNIFIE, TANT QU'IL N'A PAS UN ENFANT À AIMER. LE MONDE EN SERA ALORS BOULEVERSÉ ET PLUS RIEN NE SERA COMME AVANT.

LAFCADIO HEARN, (1850 - 1904)

En un sens le mystère de l'incarnation se répète
en chaque femme;
tout enfant qui naît est un dieu
qui se fait homme.

SIMONE DE BEAUVOIR

Chaque bébé né dans le monde est

USSI UNIQUE QUE CELUI QUI LE PRÉCÈDE.

CHARLES DICKENS, (1812 - 1870)

ELLE EST FAITE POUR TENIR DANS
LE CREUX DE VOS MAINS, POUR QUE VOUS
LA PROTÉGIEZ ET LA GUIDIEZ.
TRANSMETTEZ-LUI VOTRE FORCE ET VOTRE
SAGESSE AINSI QUE LE MEILLEUR DE LA VIE.
VOUS ÊTES UNIES PAR UN LIEN SACRÉ.
NE LUI FAITES PAS DE MAL AVEC DES MOTS
QUI PEUVENT BLESSER OU HUMILIER.
GUIDEZ- LA SUR LE CHEMIN DE LA VÉRITÉ.

MICHELE GUINNESS, « *Filets de voix* »

un lien sacré

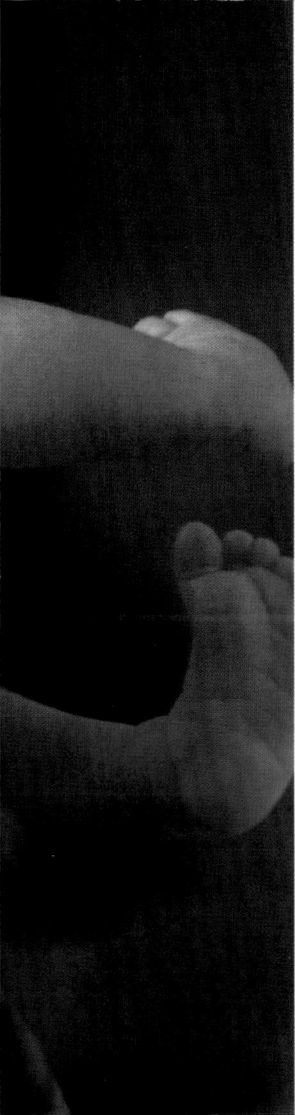

UN BÉBÉ C'EST LE DÉSIR DE DIEU DE PERPÉTUER LA VIE .

CARL SANDBURG, (1878 - 1967)

Ô combien petit, Ô combien beau.
Quoiqu'il advienne
au cours des années à venir.
Il est synonyme de perfection.
Synonyme d'amour.

ANNELOU DUPUIS

EN ADORATION DEVANT TOUS LES BÉBÉS

Tu dois œuvrer -
nous devons tous œuvrer,
pour que ce monde
soit digne de ses enfants.

PABLO CASALS

«Henri Rackmeyer, dites-nous ce qui est important».
«Un rayon de soleil qui illumine une fin d'après-midi maussade, une note de musique et l'odeur caractéristique qui émane de la nuque d'un bébé».

E. WHITE, (1899 - 1985)

LA DOUCEUR D'UN ENFANT EST LA PLUS BELLE CHOSE QUI SOIT.

CHARLES LAMB, (1775 - 1834)

NÉ DE L'AMOUR
NÉ POUR L'AMOUR.

STUART ET LINDA MACFARLANE

vous l'aimez encore plus

... avoir un bébé signifie
qu'à chaque stade vous ne pouvez
tout simplement pas imaginer l'aimer plus
que vous ne le faites,
parce que vous brûlez d'amour pour lui,
que vous l'aimez autant
qu'il vous est humainement possible,
et pourtant c'est ce que vous faites: vous l'aimez
encore plus.

ANNE LAMOTT

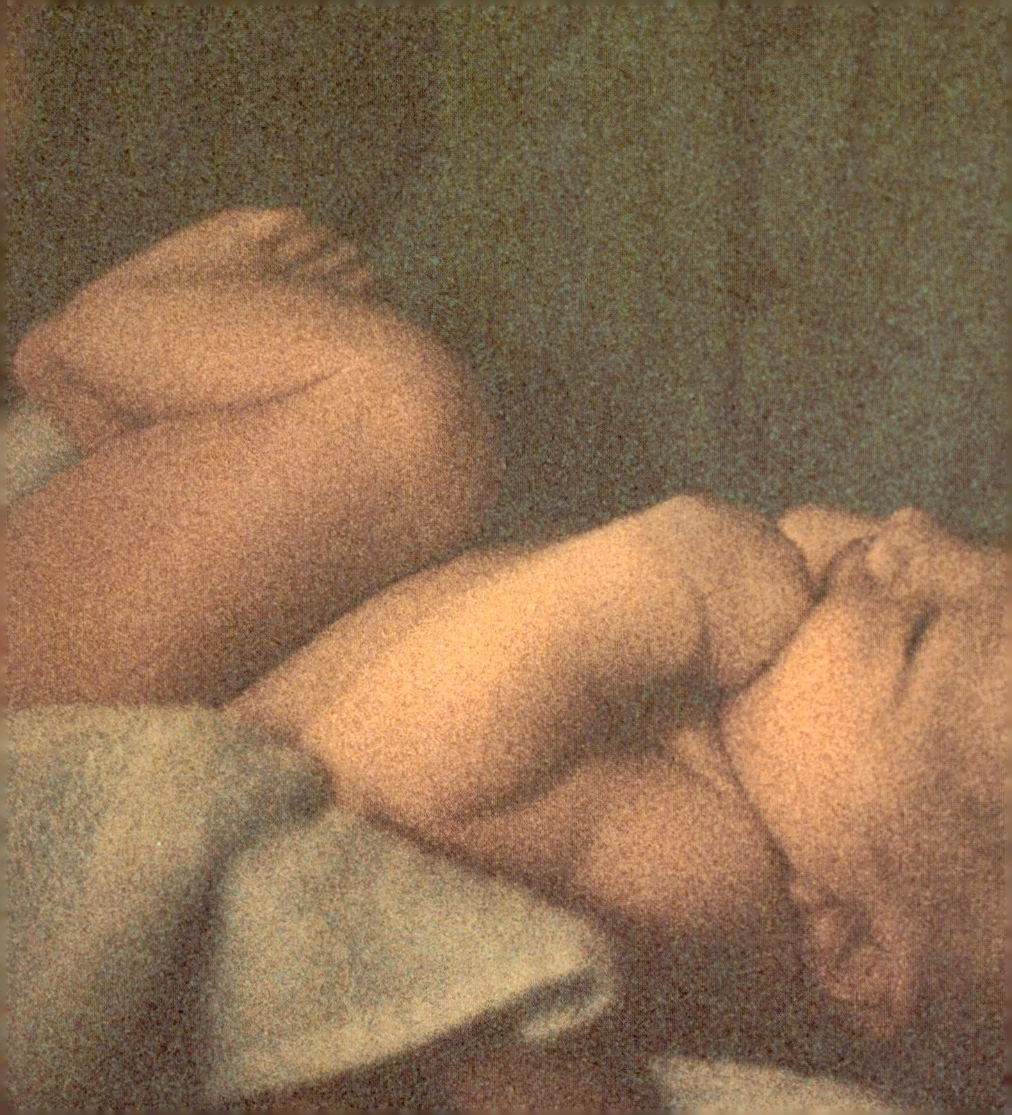

Rien, sur terre, ne vaut le moment
où l'on découvre son premier enfant.
Les hommes ont leurs défis,
mais aucun ne rivalise
avec celui-là,
qui se perpétue au fil des siècles
dans des chambres misérables,
dans des palaces, des grottes ou
des endroits isolés. Je regardais ce
paquet emmailloté... et réalisai
une fois de plus que je ne l'avais
pas créée. Elle était différente de moi.
Elle avait sa propre vie à mener,
sa propre destinée à accomplir,
sa route avait simplement croisé
la mienne sur cette terre.

KATHERINE TREVELYAN
« Ma perception »

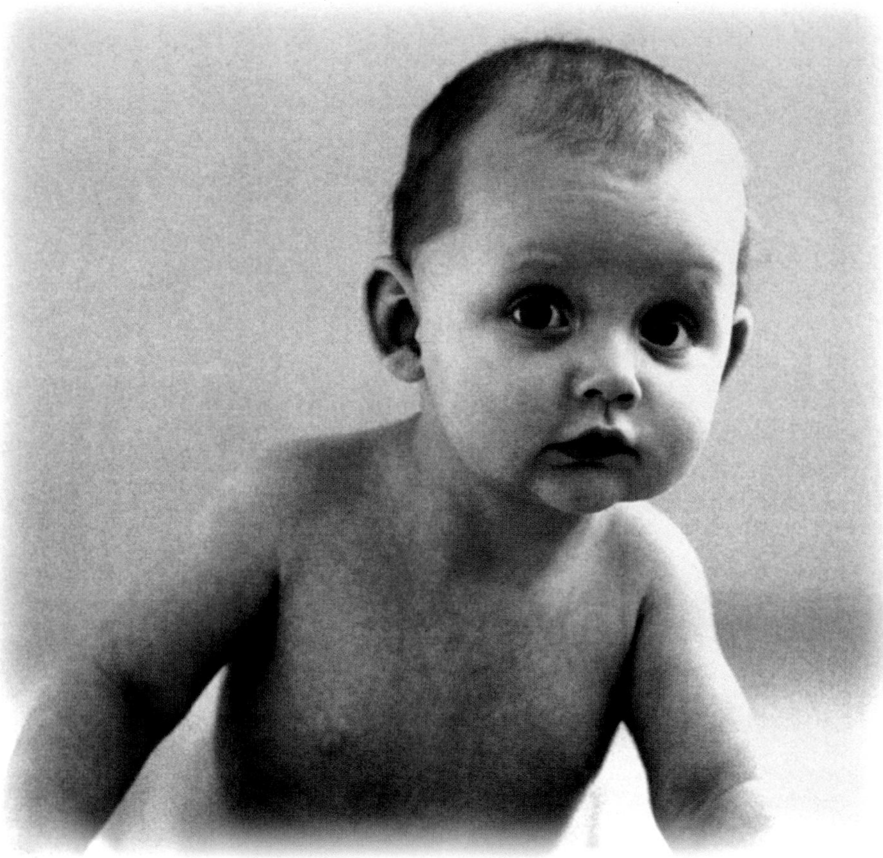

[MA FILLE]

dès l'instant où elle est née,
a puisé en moi des réserves de tendresse,
de protection et de lutte que je ne
soupçonnais pas. Du jour au lendemain
j'ai voulu changer le monde, le rendre
plus sûr, plus simple, en faire un
monde meilleur...

MICHELE GUINNESS, *«Filets de voix»*

si jeune

DANS CHAQUE TÂCHE,
LE COMMENCEMENT EST LA PARTIE
LA PLUS IMPORTANTE,
SPÉCIALEMENT QUAND ON A AFFAIRE À
CE QUI EST JEUNE ET MALLÉABLE.

SOCRATE, V. 470 - 399 av. J.C.

*Avoir un enfant ensemble, construire ensemble une famille,
semblait correspondre à une progression normale de l'union
que nous avions entamée lors de notre mariage.
Ce petit être est, parmi bien d'autres choses,
une représentation de l'amour et de l'engagement que
nous avons l'un envers l'autre.*

TRISH PERRY

deux personnes amoureuses

*Oui vraiment, avoir un enfant
est ce qu'il y a de plus beau et de plus fou
qu'un homme et une femme puissent
vivre ensemble.*

CORALIE ET JULIEN MARCEAU

ENTENDRE UN BÉBÉ RIRE,
EST LA CHOSE LA PLUS MERVEILLEUSE
QUI PUISSE NOUS ARRIVER.

SIGMUND FREUD, (1856 - 1939)

entendre un bébé rire

... dans ce moment de désespoir elle laissa s'envoler son premier vrai sourire: non pas un sourire timide, mesuré ou une moue, mais un large sourire, édenté, béat et goguenard.
Elle poussa un éclat de rire et, en dépit de ma stupeur, je me mis à rire à mon tour.
Elle m'avait eue par surprise et ma lassitude s'était envolée, noyée dans les flots d'un pur bonheur maternel.
... l'entrain, ce sens inné de l'humour, avait eu Anna pour origine.

LINDA GRAY SEXTON

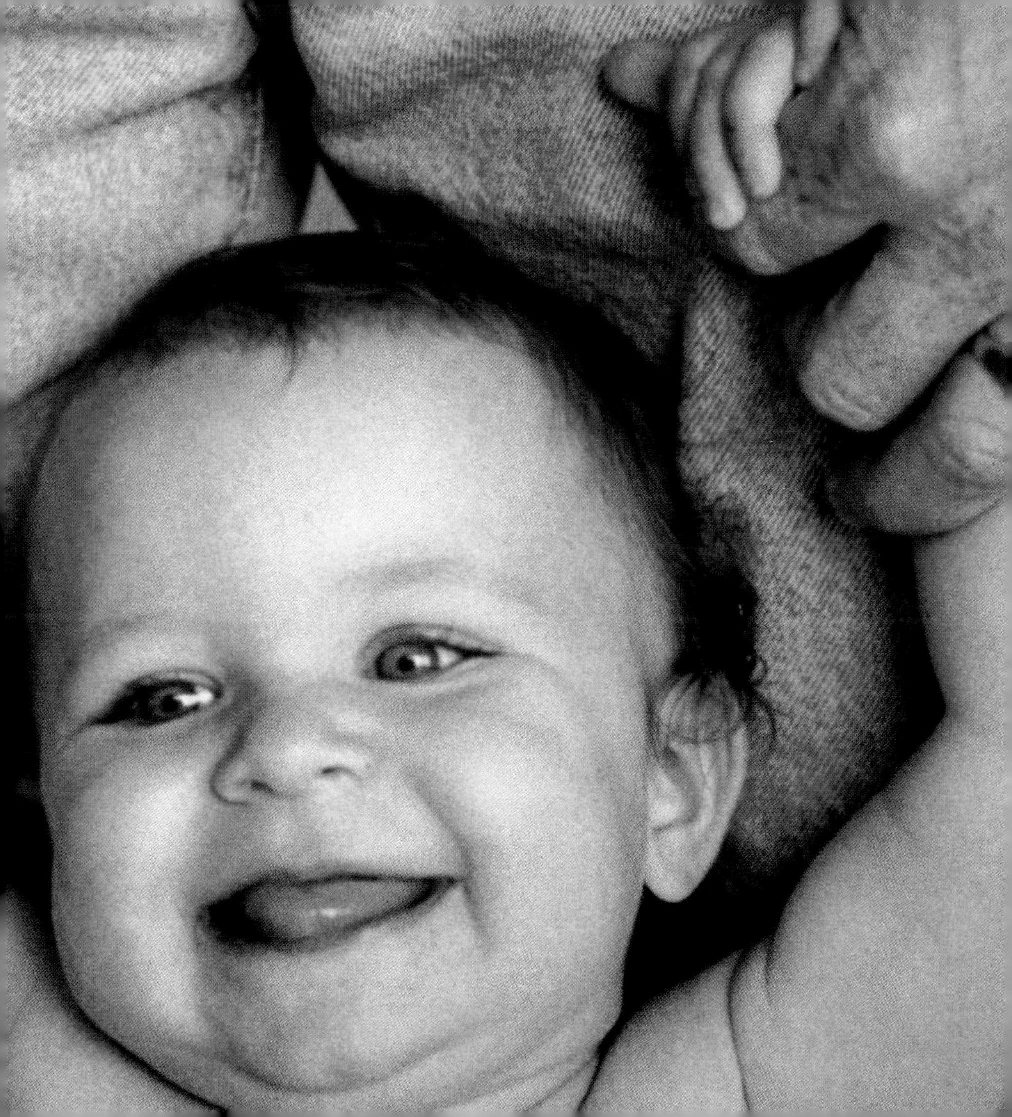

LES BÉBÉS
SONT UNE
SI JOLIE MANIÈRE
DE COMMENCER
UN INDIVIDU !

DON HEROLD

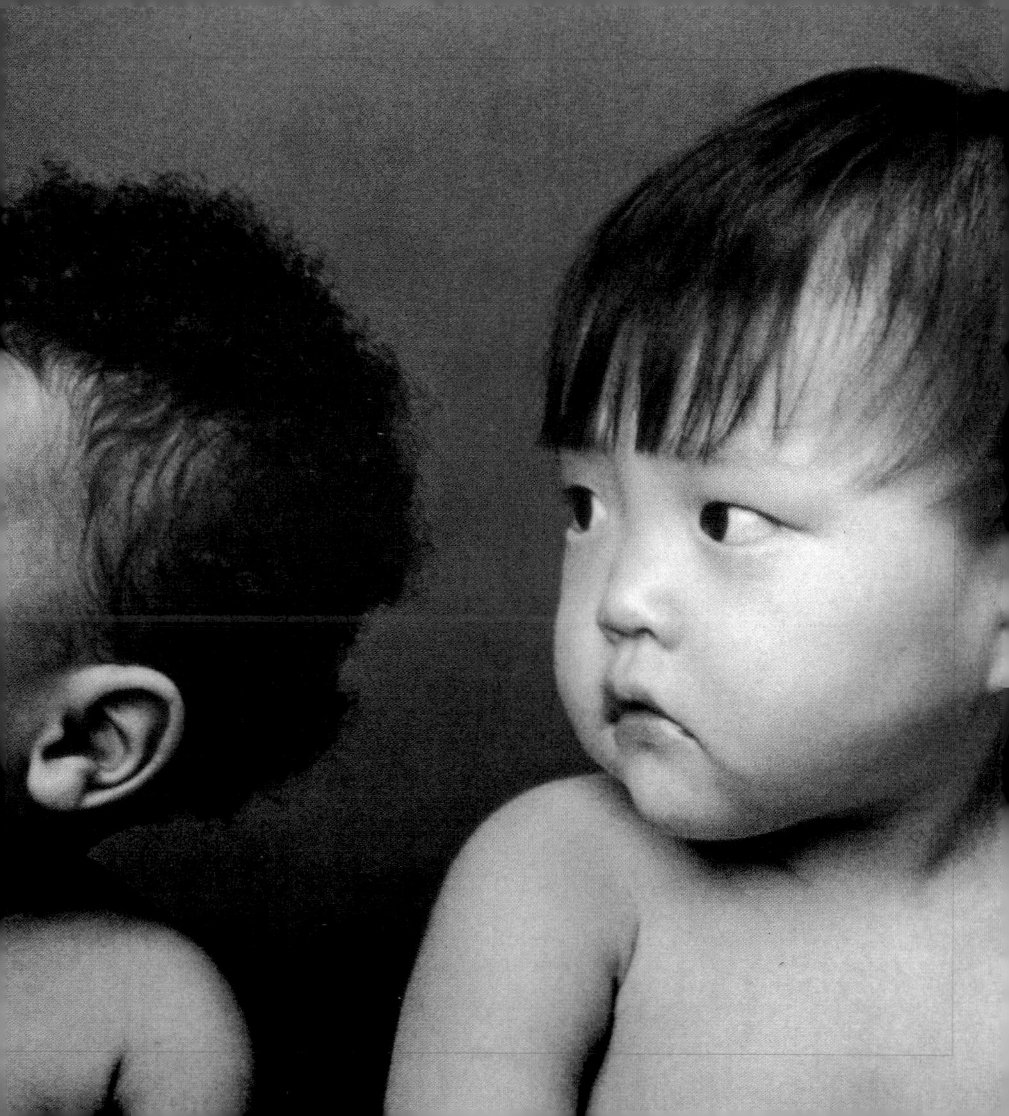

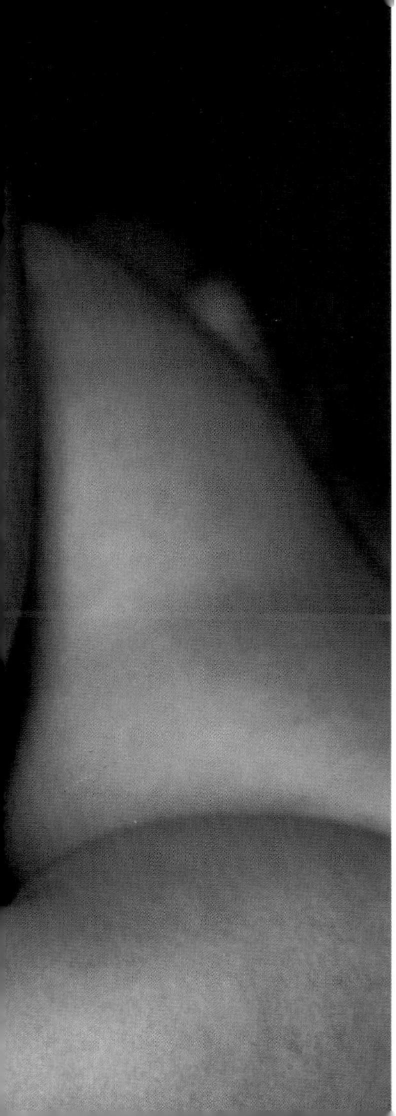

A TROIS HEURES DU MATIN,
UN BÉBÉ MANIFESTE SA FORME PAR
DES SOURIRES ET LE BABILLAGE.

MAYA V. PATEL

Dès que l'enfant voit la lumière
et se voit
dans l'œil maternel,
il reflète,
instinctivement il renvoie
le regard d'amour,
et dès lors, le plus profond
et le plus doux mystère de vie
vient de s'accomplir
entre eux.

JULES MICHELET, (1798 - 1874)

Un bébé qui mijote une bêtise peut, sans même prononcer un mot, prendre un air indigné: «Moi? Mais je ne suis qu'un bébé!»

ODILE DORMEUIL

Bien avant de savoir parler, un bébé a appris que le charme était payant.

CHARLOTTE GRANIER

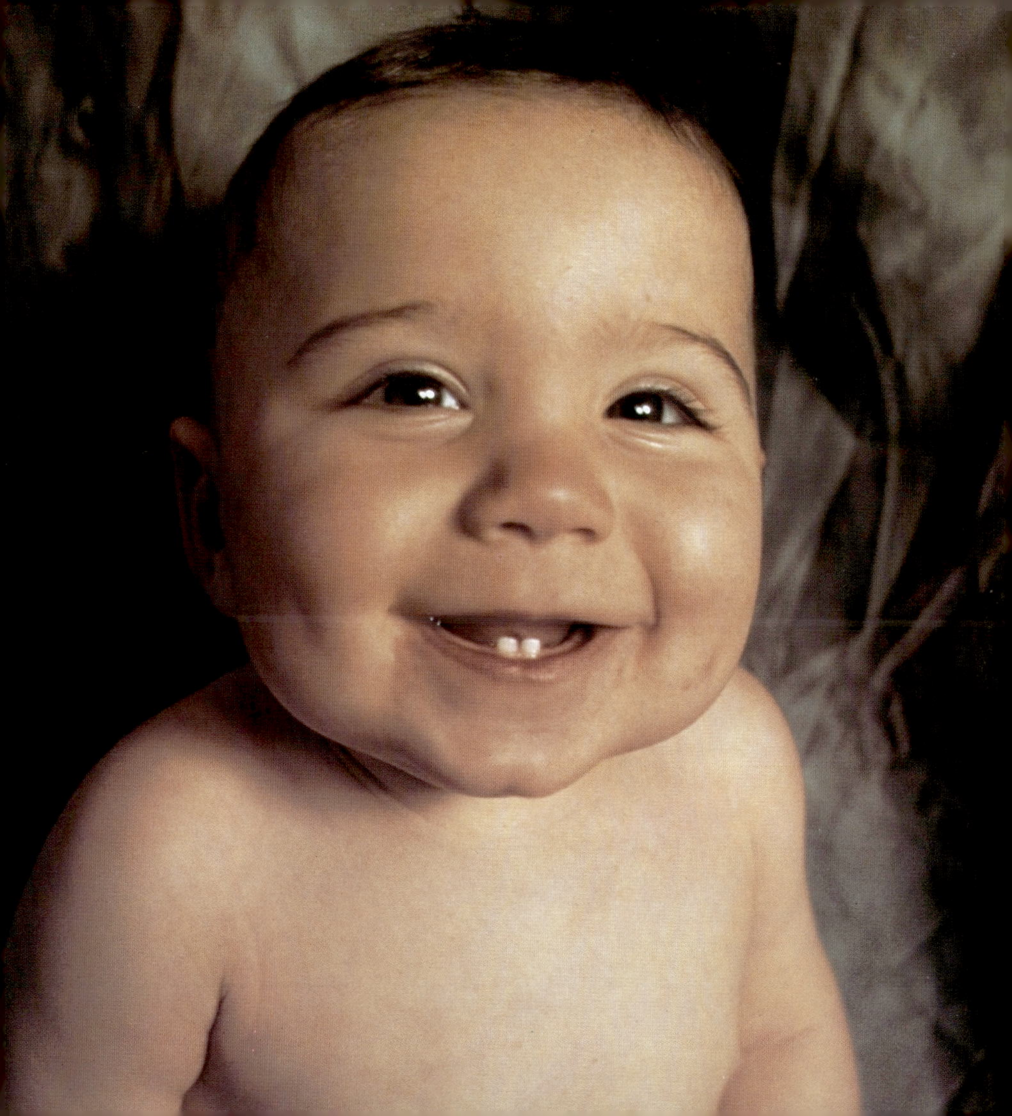

Papa a des conversations longues et sérieuses avec sa petite fille. Il lui dit qu'elle est bruyante, désobéissante et manipulatrice et qu'il la chassera si elle ne fait pas d'effort. Et le bébé sourit avec arrogance. Elle lui fait faire exactement ce qu'elle veut.

ANNELOU DUPUIS

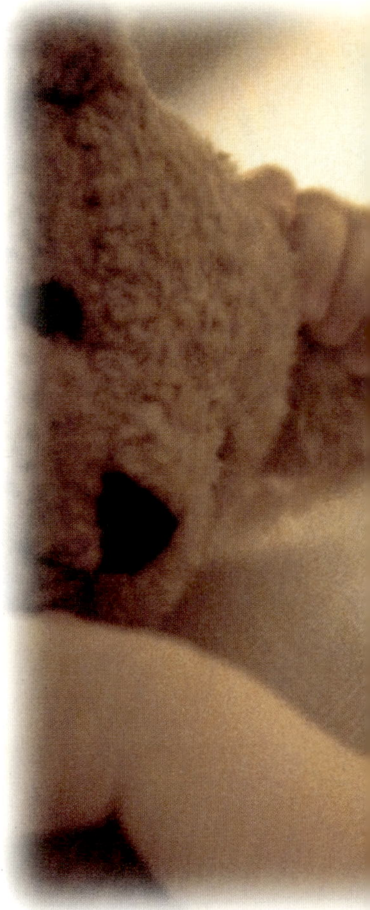

le pouvoir d'un bébé

*...quand elle a poussé ce premier cri
à fendre l'âme, je n'ai pas uniquement ressenti
de la panique mais aussi de l'exaltation.*

SUE LIMB

*Si les enfants savaient, oh, si seulement ils
connaissaient leur pouvoir! C'est quelque chose
d'absolument divin en ce bas monde.*

ALINE KILMER, (1888 - 1941)

si petite, si douce...

DE SI PETITES MAINS QUI
ACCAPARENT NOS CŒURS À TOUT JAMAIS.

ODILE DORMEUIL

Qu'y a-t-il de plus beau
que la main d'un enfant dans la vôtre,
Si petite, si douce et si chaude,
comme un chaton blotti au creux
de vos bras.

MARJORIE HOLMES

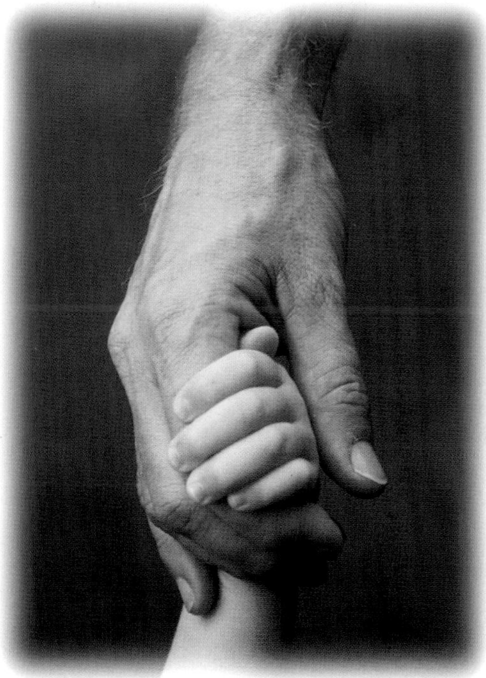

*Comment peut-on dire non à un enfant?
Comment peut-on être tout
sauf l'esclave de la chair de sa chair?*

HENRY MILLER, (1891 - 1980)

Prendre soin d'un enfant n'était pas pour moi une tâche inconnue, imposée par une culture antagoniste, cela relevait plutôt de ma nature profonde, d'une source émotionnelle, venant du centre de gravité de mon âme.

ANNE ROIPHE, « *L'œil d'une mère* »

encore et

Quand je la tiens contre moi, épuisée par une journée de travail et de nuits blanches, j'éprouve un profond soulagement doublé du plaisir de constater que je suis encore à même de fournir l'essentiel: les biberons, les couches, l'attention. J'ai finalement découvert en moi ma capacité de mère, mon aptitude à faire passer les besoins de quelqu'un d'autre avant les miens et elle est si belle que cela ressemble à un privilège.

encore et encore

JEAN RADFORD, « *Maintenir un juste équilibre* »

L'AMOUR ET LA CONFIANCE D'UN ENFANT

L'EXPÉRIENCE LA PLUS DÉSARMANTE
DANS LA VIE D'UN PARENT EST DE RESSENTIR
L'ABSOLUE CONFIANCE, L'ASSURANCE DU RÉCONFORT,
LA CERTITUDE QU'A VOTRE PETIT ENFANT
DE VOTRE TOUTE-PUISSANCE.

PIERRE GRANIER

*Petit à petit j'ai commencé à réaliser qu'elle m'aimait,
que cela ne comportait aucune condition et,
qu'à moins de tout faire pour la détacher de moi,
elle continuerait à m'aimer ... Il était très agréable de recevoir
un tel amour sans réserve,
parce que cela me laissait libre d'en donner; c'est ainsi que de
petites joues chaudes, flasques recevaient en marmonnant
avec délice mes baisers.*

MARGARET DRABBLE, «*La meule*»

Au cours des six premiers mois, le bébé a les rudiments d'un langage d'amour qui lui est propre. Il y a le langage de l'étreinte, le langage des yeux, le langage du sourire, de la communication vocale du plaisir ou de la détresse. Il s'agit du vocabulaire essentiel de l'amour avant qu'on sache en parler.

SELMA FRAIBERG

CHER BÉBÉ

De toutes les merveilles du monde, l'enfant est
la plus précieuse, la plus remarquable.
Il est plus complexe que les tourbillons solaires,
plus à même de changements, de croissance,
de créer toutes choses nouvelles.
Et pour nous qui t'aimons, de tous ces enfants,
tu es le plus précieux, le plus indispensable
à notre bonheur.
Tes yeux verront, ton esprit explorera,
ton cœur aimera, tes mains créeront.
Sois heureux de vivre,
de posséder cet extraordinaire cadeau.

LISA ROCHAMBEAU-LAPIERRE

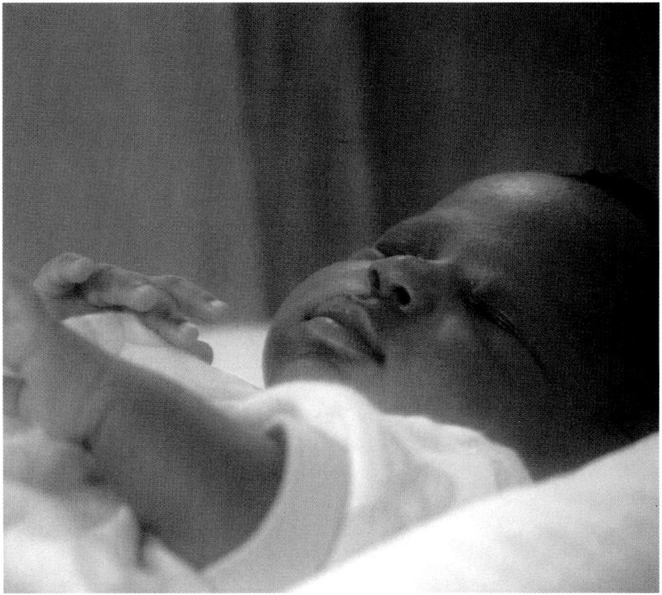

réparer mon coeur

... je n'avais jamais imaginé
que je pouvais
ressentir aussi intensément les choses,
que border des enfants aurait
la sérénité d'une prière,
ou qu'être leur père
rénoverait mon cœur.

HUGH O'NEILL,
« Un homme appelé papa »

Il est totalement transformé par sa fille. Il a en lui une douceur que même l'amour n'avait pas révélée. Il la tient comme une fleur, comme le verre le plus fragile. Il s'émerveille devant cette nouvelle et adorable petite vie, étonnante de perfection.

LISA ROCHAMBEAU-LAPIERRE

J'aimais les regarder lorsqu'ils étaient ensemble. Il ne savait pas très bien quoi faire avec elle, il la contemplait émerveillé. Elle était si fragile, c'était une fille, aussi se devait-il d'être tendre avec elle. C'était un homme doux, peu démonstratif, mais quand il regardait sa fille, on le voyait fondre. Il devenait totalement vulnérable.

LAUREN BACALL, « *Maintenant* »

une autre chance à ma vie

Tu étais ma vie. Quand tu es arrivée, petite, sans défense, sans personne au monde excepté moi, tu as envahi le silence de cette maison triste de tes éclats de rire inattendus, de tes larmes. Je me revois en train de contempler ta grosse tête de bébé qui dodelinait entre le sofa et la table, et de penser que tout n'était pas fini. Le destin, avec cette imprévisible générosité, m'avait donné une seconde chance.

SUZANNA TAMARO

Pendant peu de temps, l'être humain
aime et fait confiance au monde,
s'émerveille de sa simplicité,
est impressionné par sa complexité,
est enchanté par la lumière et la couleur,
le mouvement, l'étrangeté, est impatient
d'explorer, avide de marcher et de dormir.
Ceux qui les arrachent, fût-ce un moment,
à cette période dorée
leur volent quelque chose
d'irremplaçable.

LISA ROCHAMBEAU-LAPIERRE

cette époque dorée

Un bébé aime tellement découvrir !
Il se trémousse, se contorsionne avec bonheur,
tend les bras pour attraper ce monde magique:
le vent dans les feuilles, un rayon de soleil,
un oiseau, un poisson, une flaque colorée.
Il vit dans un monde surprenant.

ANNELOU DUPUIS

Aujourd'hui, petite Marianne, c'est toi qui m'apprends
le bonheur. Soleil, mouvement, couleur, je redécouvre
dans tes yeux ces trésors qui me laissaient inattentive.
Et tandis qu'à mon côté tu t'ébats dans la lumière,
j'écoute en moi renaître l'éclatante allégresse de vivre.

MARTHE ENGLEBERT

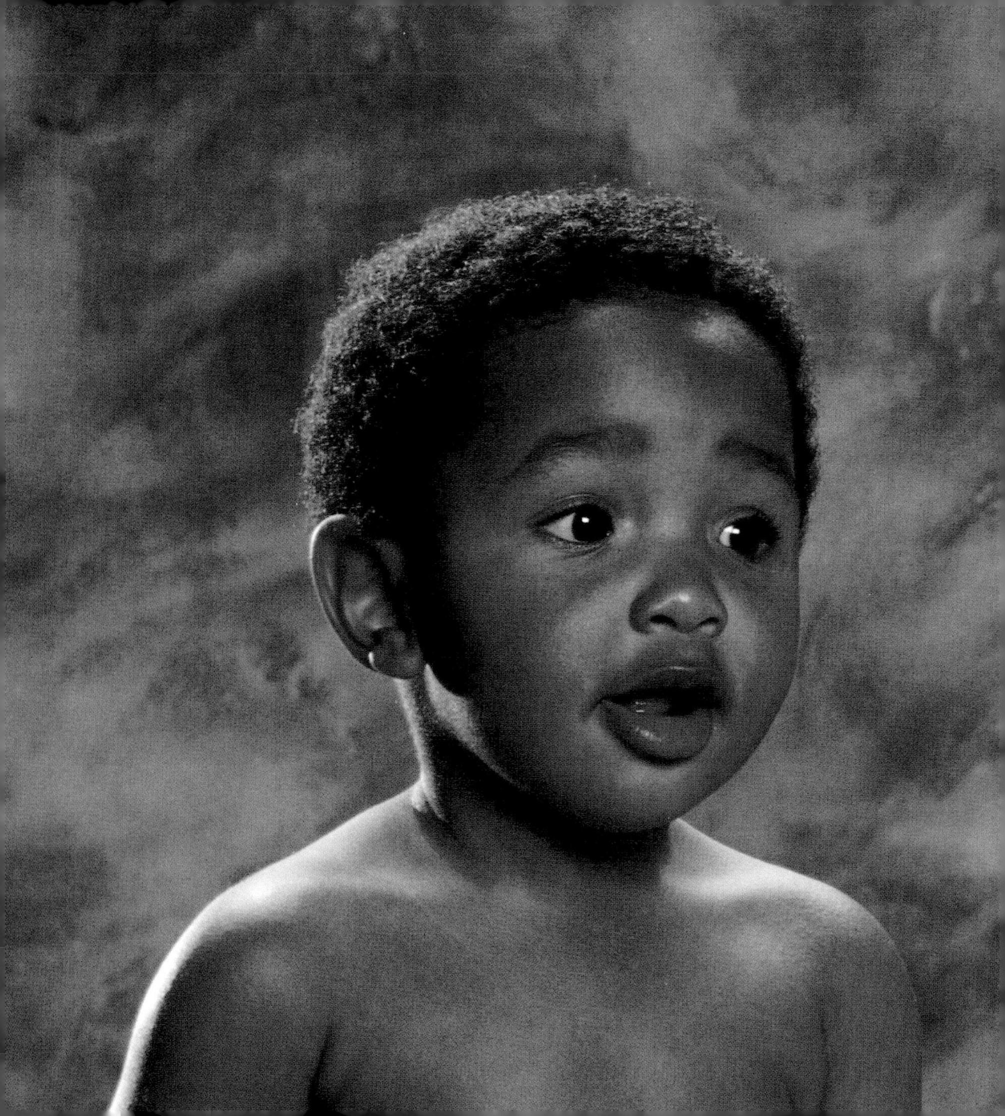

Son visage s'illumine
quand, tout simplement, tu apparais.
Tes chansons le ravissent.
Tu es le seul qui peut l'apaiser et l'endormir,
lui ôter ses angoisses, le faire basculer des larmes
aux rires. Il est si beau, si drôle,
si volontaire, si déterminé.
Et il t'aime de tout son cœur.

ODILE DORMEUIL

il t'aime de tout son cœur

Bébé a appris à sourire et ses sourires surgissent,
pétillants comme un feu d'artifice, illuminant nos cœurs.
La joie inonde la pièce.
Qu'est-ce qui nous fait sourire?
Nous ne le savons pas et cela nous est égal.
Nous communiquons l'une et l'autre gaiement,
et les sourires sont une manière d'extérioriser
notre joie et notre amour.

JOAN LOWERY NIXON
« Le livre de grand-mère »

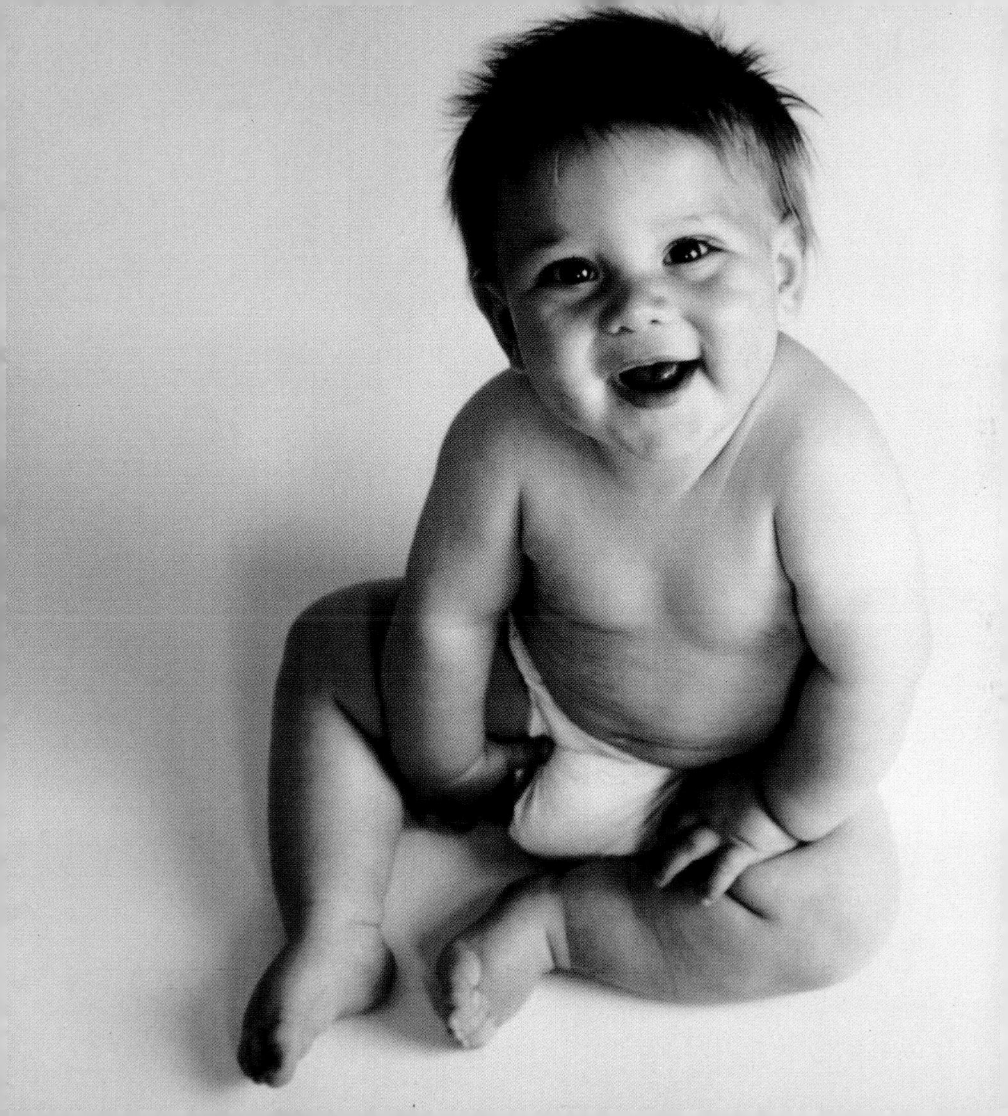

Un bébé renforce considérablement l'ego des grands-parents quand ils en ont le plus besoin. Aux yeux d'un petit-enfant on est belle, intelligente, il nous implore pour une nouvelle chanson et on a le sentiment d'être la plus grande conteuse de tous les temps.

DORIS M. BRIDGE

une nouvelle vie!

TOI, QUI T'ABANDONNES DANS MES BRAS AIMANTS,
TOI QUI GRIMPES SUR MES GENOUX,
QUAND J'OUBLIERAI TES MILLE FAÇONS
ALORS CESSERA LA VIE ET TOUT CE QUI EXISTE.

MARY LAMB

Il ressent avec elle chaque angoisse, chaque crainte, chaque chagrin. Elle rit et il est comblé. Elle tend ses petits bras vers lui et il s'en réjouit. Elle dort sur son épaule, et il reste immobile par peur de la réveiller. Il lui montre ses prouesses, partage son étonnement devant l'oiseau, le chat, la feuille qui tombe. Il réclame des baisers, des câlins, les offrandes invisibles accordées à ceux qu'elle aime et tenues avec précaution entre le pouce et l'index.

ANNELOU DUPUIS

un père est né

La voilà, radieuse de fierté,
sur ses pieds, en marche.
Elle s'arrête, vacille,
s'affaisse habilement.
Esquisse un large sourire.
Se réorganise. Se lève
à nouveau.
Allez, maintenant tu peux
y arriver!
Et elle le fait, elle se tient
debout, se dandine
légèrement, s'agrippe à vos
genoux. Je pense vraiment
que ça mérite un bonbon.
Et un baiser.

ODILE DORMEUIL

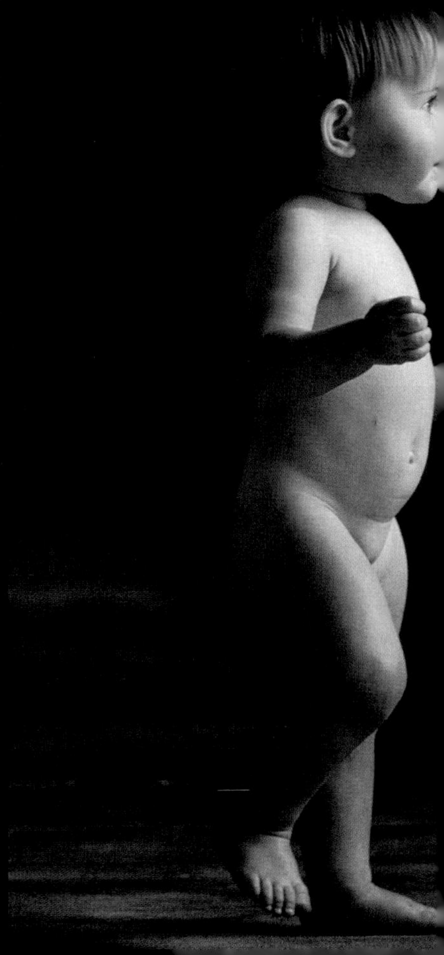

PETIT ENFANT. CRISTAL LIMPIDE. RADIEUX ET VIF.
À FACETTES COMME PERSONNE AVANT TOI.
TU T'EMPARES DE LA LUMIÈRE DE TOUT CE QUI EST BEAU
ET LA TRANSFORME EN ARC-EN-CIEL.
TU REFLÈTES LA BEAUTÉ ET LA RESTITUE AU MONDE.
TU RENOUVELLES TOUTE CHOSE.

ODILE DORMEUIL

tu renouvelles toute chose

La chanson de la vie

Ce qui fait que la plupart des petits enfants plaisent, c'est qu'ils sont encore renfermés dans cet air et dans ces manières que la nature leur a donnés, et qu'ils n'en connaissent point d'autres.

DUC FRANÇOIS DE LA ROCHEFOUCAULD

LÀ OÙ SONT LES ENFANTS
L'ÂGE D'OR EXISTE.

NOVALIS, (1772 - 1801)

Car vos beaux yeux sont pleins de douceurs infinies,
Car vos petites mains, joyeuses et bénies,
N'ont point mal fait encor;
Jamais vos jeunes pas n'ont touché notre fange,
Tête sacrée ! enfant aux cheveux blonds ! bel ange
A l'auréole d'or !

VICTOR HUGO

et le regard des enfants

Et la voix des enfants est plus pure que la voix
du vent dans le calme de la vallée...
Et le regard des enfants est plus pur que le bleu de ciel...
et qu'un rayon d'étoile dans le calme de la nuit...

CHARLES PÉGUY

CE PREMIER SOURIRE

Ce fut un moment extraordinaire: quelque chose d'électrique. Ce fut comme si quelqu'un venait de pénétrer dans la pièce. Jusque là, nous avions admiré sa paisible vivacité et son insatiable curiosité, mais nous n'avions reçu d'elle qu'un regard plutôt sévère. Ce fut comme si, tout d'un coup, elle devenait enfin une personne: elle nous avait rejoint. Ce sourire s'était enlacé autour de mon cœur. Ce fut un moment d'éternité, à jamais gravé. Je me sentais transportée par une divine étincelle de joie.

SUE LIMB, « *Aimer la quarantaine* »

LES BÉBÉS SONT FIDÈLES À LA RÈGLE. LA LEUR.

LISA ROCHAMBEAU-LAPIERRE

Il est si beau l'enfant avec son doux sourire,

Ses deux grands yeux ouverts qui ne savent pas mentir.

Dans le mal triomphant:

Préserve-moi Seigneur, d'été sans fleurs vermeilles,

De cage sans oiseaux, de ruche sans abeilles,

D'une maison sans enfants...

VICTOR HUGO, (1802 - 1885)

WAA-AA-AAAA

Pour démontrer le pouvoir
d'un tout petit enfant pensez au vôtre
piquant une colère phénoménale
au beau milieu d'un supermarché.

ANNELOU DUPUIS

Si votre bébé vous fait honte,
ce sera évidemment lors d'un grand
événement solennel.

PIERRE GRANIER

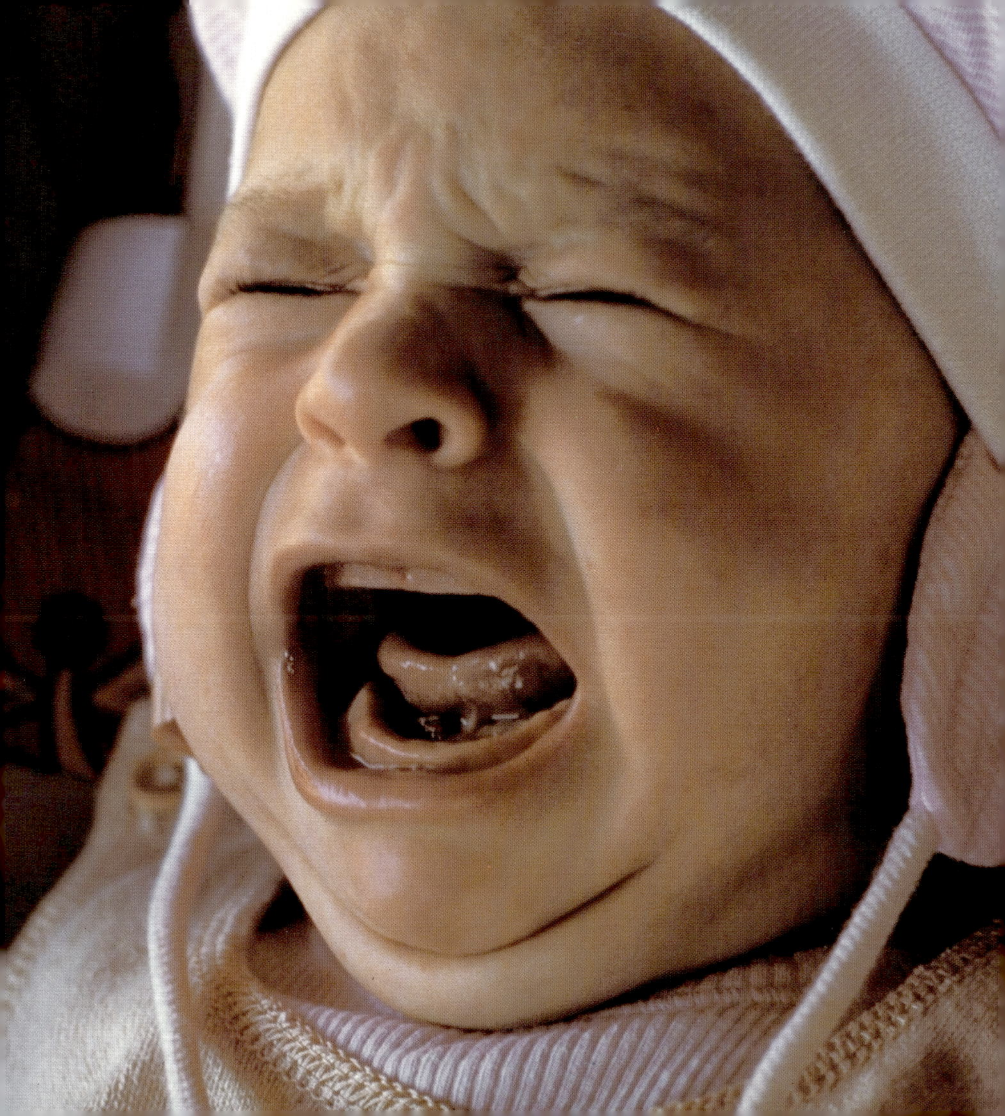

KETCHUP!

Bien sûr une toute petite fille ressemble à une poupée que l'on habille, mais les poupées ne tombent pas malades, ne font pas caca, ne bavent pas et ne se barbouillent pas de peinture ou de boue. Le satin et la dentelle ne durent pas très longtemps sur cette poupée vivante.

PAMELA DUGDALE

SPAGHETTIS !

Notre fils, comme beaucoup de bébés,
adorait le style MIMI CRACRA,
ce qui nous donne par exemple des mèches de cheveux
ornées d'épinards à la crème.

ANTOINE DUBARRY

ÉPINARDS À LA CRÈME!

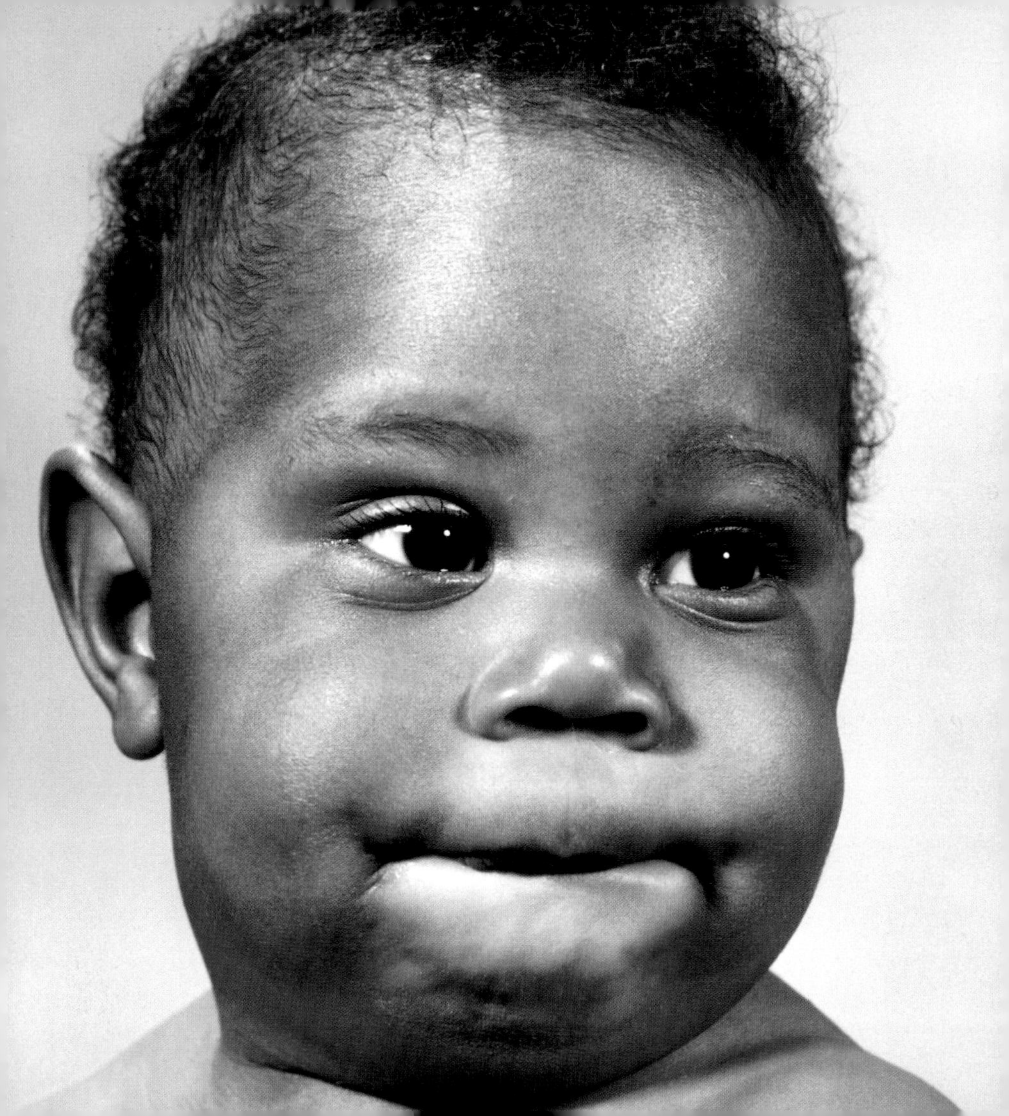

Être parent c'est comme être l'agent d'une star égocentrique d'Hollywood: notre client vous dit qu'il n'aime pas le scénario parce qu'il ne fait pas assez ressortir son côté sexy ou son intelligence. Vous vous employez gentiment à le convaincre d'accepter le rôle. Vous alimentez son ego. Le respect de soi, l'orgueil et la dignité sont aussi importantes à trois ans qu'à trente trois. Comme toute tractation en affaire, la meilleure façon de gagner la partie est de montrer à votre adversaire le moyen honorable de vous donner exactement ce que vous voulez. «Je veux que tu prennes un bain et que tu ailles au lit. Tu as besoin de conseils pour comprendre que c'est ce que tu veux vraiment toi aussi.»

NIGEL PLANER, « *Un assez bon papa* »

Étranges petites personnes ! Ils sont les comédiens inconscients de la grande scène du monde. Ils apportent de l'humour dans les malheurs trop pesants de la vie: chacun avec une petite mais franche opposition à l'ordre établi, fait invariablement ce qu'il ne faut pas, au mauvais moment, au mauvais endroit et de la mauvaise manière... Donnez à n'importe quel bébé l'occasion d'agir et, s'il ne fait pas les choses en dépit du bon sens, on appellera un docteur sur le champ.

JEROME K. JEROME, (1859 -1927)
« Les pensées oisives d'un homme oisif »

éclats de rire!

Avec tes gazouillis insolents et ton petit rire taquin,
tu t'empares du cœur de tout le monde.

STUART ET LINDA MACFARLANE

hilarité!

Les bébés ont des rires qui ne cadrent absolument pas
avec leur taille.
De gros éclats de rire, des gazouillements de plaisir,
des hurlements d'excitation, de gros et superbes fous rires.

ODILE DORMEUIL

fous rires!

... J'avais découvert le véritable amour. L'amour qui récompense de l'esclavage et de l'épuisement avec un bref sourire. Mais quel sourire! C'était amplement suffisant. Ma prostration du moment était d'une certaine façon plus douce que tous les plaisirs de ma vie passée.

SUE LIMB, « *La quarantaine* »

Je ne peux pas exactement vous dire quand j'ai ressenti de l'amour pour elle. Je pense qu'il s'est développé lentement au cours des premières semaines. Je sais que dès l'instant où elle a commencé à me sourire, je n'ai pas uniquement éprouvé de l'amour mais de l'adoration.

CAROLINE JACOBS, UNE MÈRE ADOPTIVE

Quand un bébé
pousse pour la première fois ses gazouillis
ou quand il pleure, que vous le prenez dans vos bras
et qu'il se cramponne à vous en sanglotant,
protégé de l'ombre terrible qui hantait sa chambre
ou d'un bruit violent dans la rue ou, peut-être,
d'un mauvais rêve, alors vous êtes -
heureuse n'est pas le mot exact - comblée...
un élément clé de la vie.

MARILYN FRENCH, « *La pièce des femmes* »

les pleurs d'un enfant

L'AMOUR D'UN PETIT ENFANT

J'ADORE CES PETITS ÊTRES;
ET CE N'EST PAS PEU DE CHOSES
LORSQUE EUX, QUI SONT
SI FRAÎCHEMENT ENVOYÉS
PAR DIEU, VOUS AIMENT.

CHARLES DICKENS, (1812 - 1870)

Personne sur terre
ne mérite vraiment le sourire radieux
d'un bébé qui vous reconnaît.

CHARLOTTE GRANIER

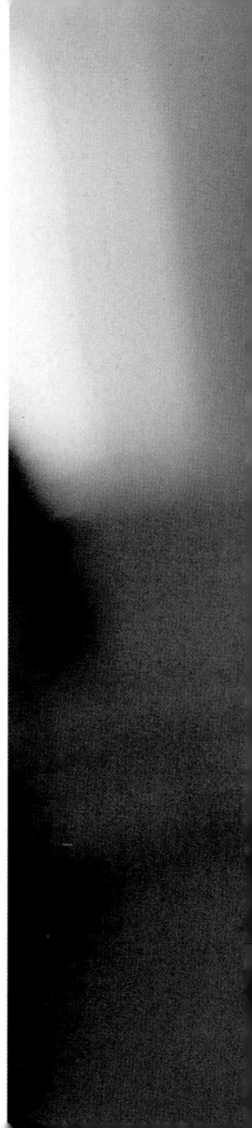

Enchanteur est ce rire d'enfant, radieux et tout en fossettes, si étrangement chaleureux et innocent.

MARGARET OSSOLI, (1810-1850)

faite de joie

PETITE CRÉATURE, FAITE DE JOIE ET D'HILARITÉ.

WILLIAM BLAKE, (1757 - 1827)

Son rire est aussi immense et pur que l'hiver. Il n'y a rien de superficiel ou d'inconsistant en elle.

JENNIFER MAIDEN, «*Le bébé de l'hiver* »

avec toute l'humanité

Il n'y a rien de tel que l'éducation d'un bébé pour qu'une personne ait, chaque jour, le sentiment de prendre part à l'effort collectif de toute l'humanité et d'accomplir le prodigieux miracle de l'amour qui participe à la perpétuation de l'espèce humaine.

CAROLE, MÈRE D'ENFANTS ADULTES LORSQU'ELLE ADOPTA UN BÉBÉ,
« *Lettres à nos filles* »

Je me dois d'être à elle

Avoir un enfant change les droits de tout homme et je ne compte pas vivre comme je le faisais avant de l'avoir. Je me dois d'être à elle, j'espère correspondre à ses besoins et je ne vois aucune raison de la délaisser un jour.

LAURIE LEE, (1914 - 1997) *« Je ne peux rester plus longtemps »*

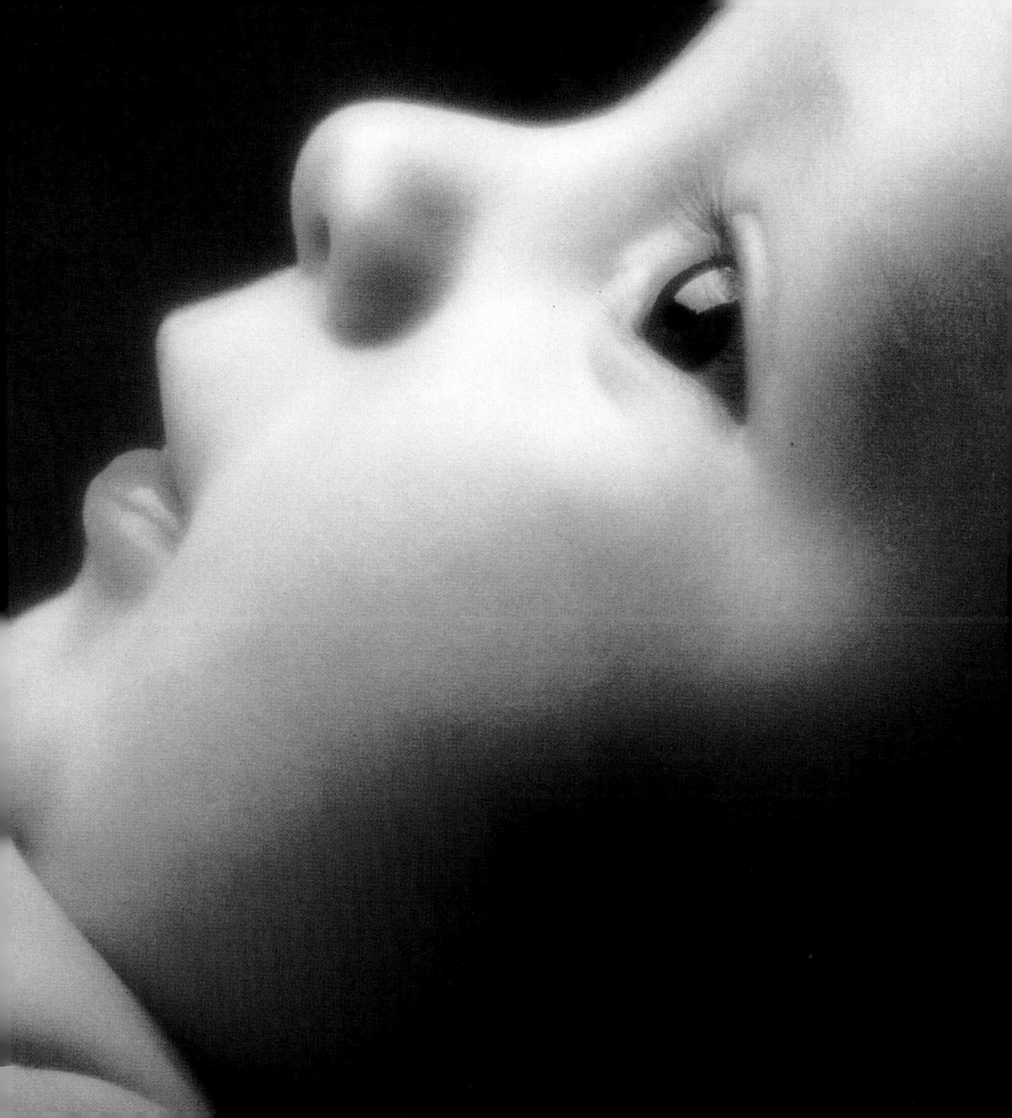

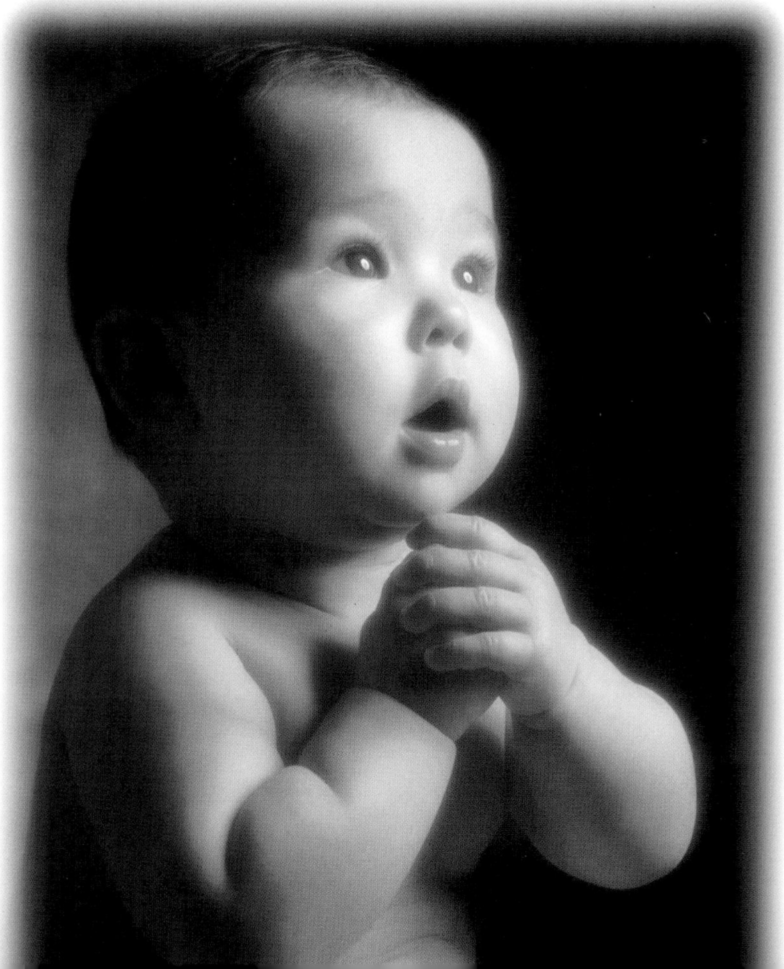

Cher enfant, je veillerai sur toi,
je te protégerai, jusqu'à l'âge adulte.
Et puis je te laisserai voler de tes propres ailes.
Mais t'aimer? Ça c'est pour toujours.

CHARLOTTE GRANIER

Je te protégerai

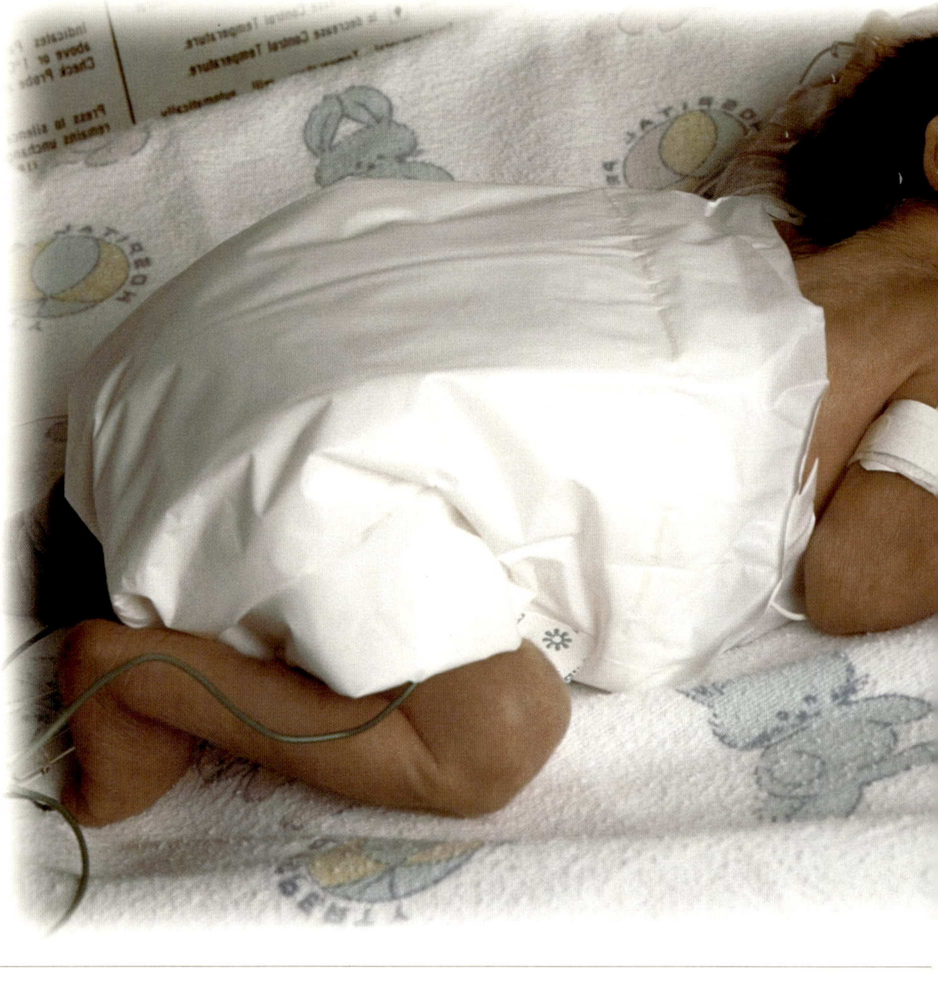

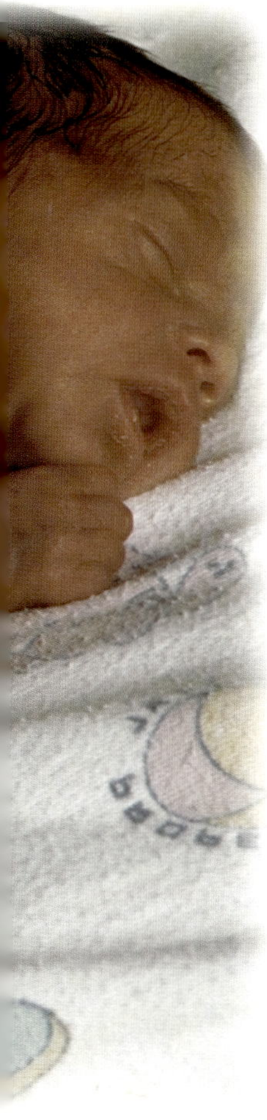

PERSONNE NE VOUS A DIT
QUE CE CHANGEMENT
ÉTAIT IRRÉVERSIBLE,
QUE VOUS RESSENTIRIEZ
DANS VOTRE CŒUR,
TOUTE VOTRE VIE,
CHAQUE DOULEUR,
CHAQUE PERTE,
CHAQUE DÉCEPTION,
CHAQUE REBUFFADE,
CHAQUE MÉCHANCETÉ
QU'ELLE SUBIT.

ODILE DORMEUIL

où que tu aies besoin de mon amour

MON AMOUR T'ACCOMPAGNERA
OÙ QUE TU EN AIES BESOIN, RESSENS SA CARESSE.

MON AMOUR T'ACCOMPAGNERA
QUAND LES JOIES DE LA VIE T'EXALTERONT.

MON AMOUR T'ACCOMPAGNERA
QUAND LES MALHEURS DE LA VIE T'ACCABLERONT.

MON AMOUR T'ACCOMPAGNERA
QUAND LA VIE TE SEMBLERA AFFREUSE.

MON AMOUR T'ACCOMPAGNERA
AUJOURD'HUI ET TOUJOURS.

STUART MACFARLANE

LA VIE RECOMMENCE

... un bébé révèle l'amour,
la tolérance et la tendresse
qui se sont rouillés au fil des années.

F.M. WIGHTMAN

... quand vous voyez un nouveau-né,
vous cessez de vous poser des questions
et vous prenez conscience,
pas seulement pour vous,
mais pour votre enfant,
et ensuite pour leurs enfants,
que, d'une façon ou d'une autre,
chaque vie a un but.

ROSEMARY WELLS, «*Votre petit enfant et vous*»

Chut bébé !
Je te protégerai du danger.
Malgré les vents du monde
qui martèlent la porte.
Je te protégerai du danger jusqu'à
ce que tu sois suffisamment grand et fort
pour te débrouiller seul.
Et même alors je serai toujours là
pour t'apporter, si tu en as besoin
et aussi longtemps que tu le souhaites,
réconfort, refuge et moments de répit.
Avec amour, avec une oreille attentive…
Toujours.

Je te protégerai du danger

ODILE DORMEUIL

... ceux qui leur ressemblent

*Jésus dit: « Laissez les petits-enfants
et ne les empêchez pas
de venir à moi car le royaume des cieux est
pour ceux qui leur ressemblent».*

MATTHIEU, XIX, 14

*Ainsi parle Lao-Tzu: «Celui dont la grâce,
surabondante, déborde, le Parfait, celui-là
est semblable à l'enfant nouveau-né».*

cité par F. LEBOYER, « *Pour une naissance sans violence* »

Vous ne serez plus jamais libre. Vous vivrez désormais deux vies, la vôtre et la sienne. Et le plus difficile sera de la laisser, en dépit de votre expérience, faire ses propres choix. Mais Dieu merci, ce lien apporte autant de bonheurs que de peines. Vous partagerez ses joies, ses triomphes, son enthousiasme. La distance ne pourra pas vous séparer. Il y aura des nuits sans sommeil. Des semaines en attente de lettres. Des appels inattendus. La surprise de la retrouver sur le pas de votre porte alors que vous la pensiez très loin. Des bonheurs surpassant vos espérances. Des surprises. Des ravissements. Car votre fille est votre diamant. Elle vous atteint au plus profond de vous-même.

ROSANNE AMBROISE

Tu es tout neuf.
Encore satisfait
dans ton petit univers,
tu découvres l'air, la lumière,
des visages indistincts.
Mais chaque jour élargit
ton horizon et je partage ta joie.
J'ai une nouvelle vocation:
te faire connaître cette planète.

ODILE DORMEUIL

Mon souhait pour toi, mon petit

Je te souhaite tant de choses.
Mais je te souhaite avant tout
de rester toi-même.
Que tu fasses de tous les dons reçus à ta naissance,
des trésors de beauté, d'ingéniosité, de générosité.

ANNELOU DUPUIS

Un bébé vaut plus
que toute autre chose sur terre.
Votre amour, votre vie.

HÉLÈNE THOMAS

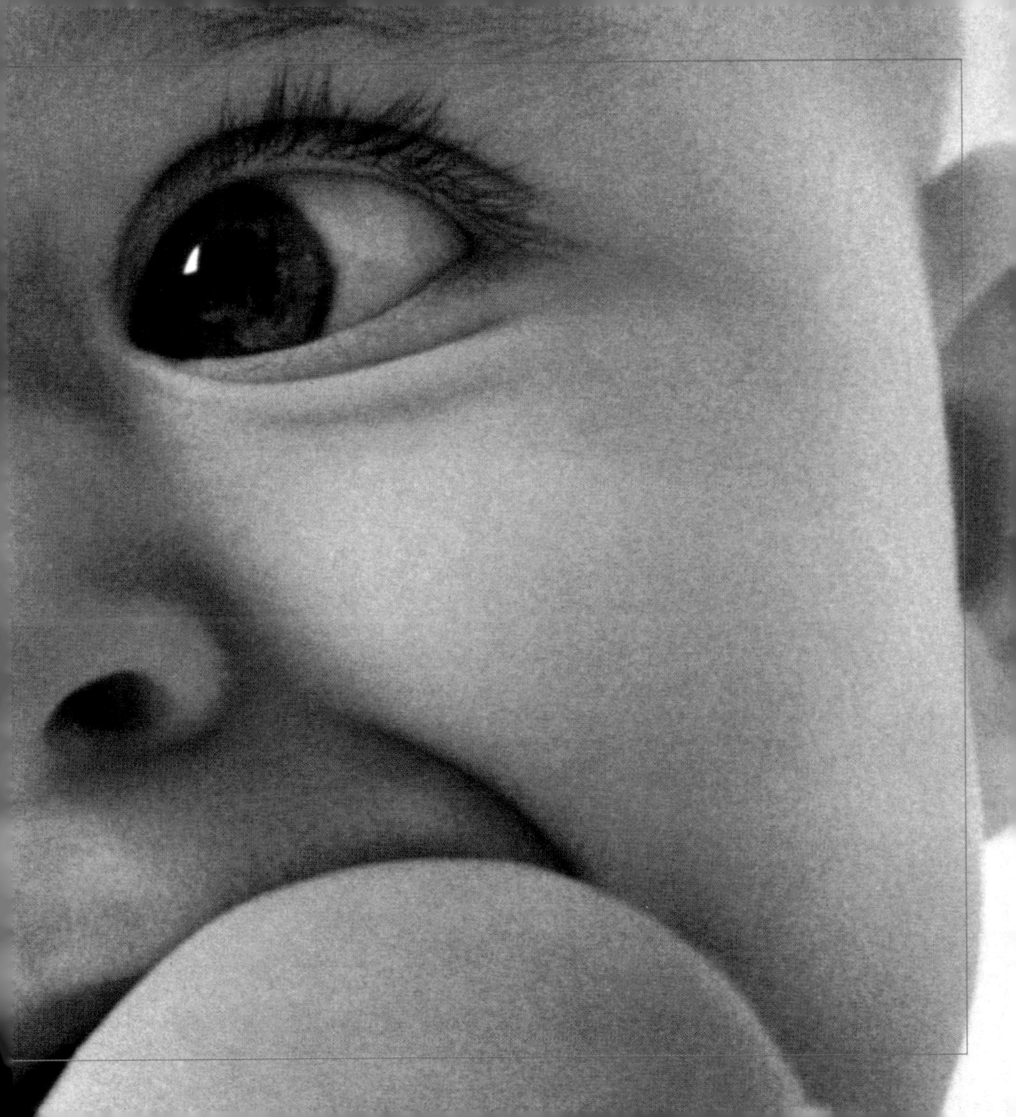

REMERCIEMENTS

TEXTES:
Margaret Drabble: *La meule*, édité par Weidenfeld et Nicholson. © Margaret Drabble. Avec la permission de Peters Fraser et Dunlop. Michele Guinness: *Filets de voix*, chez SPCK, 1993. © 1993 Michele Guinness. Laurie Lee: *Deux femmes*, © 1983 Laurie Lee, *Je ne peux rester plus longtemps*, Éditions André Deutsch 1975. Réimprimé avec la permission de Peters Fraser et Dunlop. Sue Limb: *La quarantaine*, Éditions Corgi Books 1988, division de Transwold Publishers Ltd. Hugh O'Neill: *Un homme appelé papa* ©1996, Hugh O'Neill. Réimprimé avec la permission de Rutlege Hill Press, Nashville. Nigel Planer; *Un assez bon papa* © 1992 Nigel Planer, édité par Arrow Books. Imprimé avec l'autorisation de Peters Fraser et Dunlop. Suzanna Tamaro: *Écoutez votre cœur* ©1994 Baldini & Castoldi, édité par Random House Ltd. Réimprimé avec autorisation.

ILLUSTRATIONS:

Couverture: *Bébé couché sur le dos*,© 2000 Mel Yates, Pis S.A.

Page de titre: *Mains d'adulte et de Bébé*, photographe inconnu. Images Colour Library.

Page7: *Pieds de bébé*, photographe inconnu, Image Colour Library.

Page 9: *Portrait d'un nouveau-né*, © 2000 Michael Goldman, Telegraph Colour Library.

Page 13: *Main d'adulte tenant une main d'enfant*, © 2000 Terry Vine, Images de Tony Stone.

Page 15: Photographe inconnu, Pictor international.

Page 16/17: *Père embrassant son bébé (o à 3 mois)*, © 2000 Joe Polollio, Images de Tony Stone.

Page 18: *Intimité entre une mère et son bébé (3 semaines)*, © 2000 Dennis O'Clair. Images de Tony Stone.

Page 20: *Nouveau-né et sa mère dans la salle d'accouchement.* © 2000 Owen Franken, Images de Tony Stone.

Page 23: © 2000 John Olson, The Stock Market.

Page 24: *Bébé endormi*, photographe inconnu, Pix S.A.

Page 26/27: *Quatre bébés nus*, © 2000 Camille Tokerud, Images de Tony Stone.

Page 28: *Portrait d'un bébé portant un T-shirt blanc*, © 2000 M. Hart, Pix S.A.

Page 30/31: Photographe inconnu, SuperStock.

Page 32: Bébé aux cheveux dressés, vu de dos,© 2000 Greg Bartley, Pix S.A.

Page 35: *Bébé*, photographe inconnu, Images Colour Library.

Page 36/37: *Nouveau-né*, © 2000 Genna Naccache, Pix S.A.

Page 38*: Bébé nu se redressant sur les mains*, © 2000 Ed Horn, Pix S.A.

Page 41: *Bébé nageant sous l'eau*, photographe inconnu, Pictor International.

Page 43: *Portrait de famille, père noir tenant son bébé (3-6 mois)*, © 2000 Peter Correz, Images Tony Stone.

Page 45: *Bébé*, photographe inconnu, Image Colour Library.

Page 46/47: *Portrait de trois bébés*, © 2000 Michele Salmieri, Pix S.A.

Pages 48/49: Photographe inconnu, Pictor International.

Page 51: Photographe inconnu, Pictor International.

Pages 52/53: Photographe inconnu, SuperStock.

Page 57: *Enfant tenant son père par la main.* © Turner & Devries, Banque de l'Image.

Page 58: *Petit garçon chinois (6-9 mois) rampant sur le sol*,© 2000 Camille Tokerud, Images Tony Stone.

Page 60: *Bébé endormi dans les bras de sa mère.* © 2000 Phil Borges, Images Tony Stone.

Page 62: Photographe inconnu. Pictor International.

Page 66: © 2000 Tom & DeeAnn Mc Carthy, The Stock Market.

Page 68: Photographe inconnu. Pictor International

Page 70: *Père tenant son bébé (0-3 mois) face contre face*, © 2000 Donna Day, Images tony Stone.

Page 73: *Jeune mère avec son bébé*,© 2000 Camille Tokerud, Images Tony Stone.

Page 70: *Père tenant son bébé (0-3 mois) face à face*, © 2000 Donna Day, Images tony Stone.

Page 73: *Jeune mère avec son bébé* © 2000 Camille Tokerud, Image Tony Stone.

Page 74: *Père avec son bébé, sous l'eau*. Photographe inconnu. Pict International.

Page 76/77: *Bébé rampant sur le plancher*. © 2000 Laurence Monneret, Images Tony Stone.

Page 78: *Bébé blanc et bébé de couleur*, assis. Pix S.A.

Page 81: *Bébé*, photographe inconr Images Colour International.

Page 82: © 2000 Nancy Ney, Th Stock Market.

Page 84: Photographe inconnu. Pictor International.

Page 86/87: *Bébé de 15 mois marcha vers des bras prêts à l'accueillir*. © 20(Andy Cox. Images Tony Stone.

Page 89: Photographe inconnu. Pictor International.

Page 90: *Deux bébés assis*, © 200 J. Albert, Pix S.A.

Page 93: *Gros plan de bébé*, © 20 M. Malyszko, Pix S.A.

Page 95: *Bébé enveloppé dans un serviette*. Photographe inconnu. Images Colour Library.

Page 97: Photographe inconnu, Pictor international.

Page 99: *Petit garçon endormi.* © 2000 Diane Flumara. Tony Stone.

Page 101: © 2000 Brownie Har The Stock Market.

Page 102: Photographe inconnu Images Colour Library.

105: Photographe inconnu.
:s Colour Library.

106: *Bébé dans le bain,*
›graphe inconnu. Images Colour
ry.

109: *Bébé,* Photographe
:nu. Images Colour Library.

111: *Bébé de 3 mois en larmes,* ©
Steve Murez, Banque de l'Image.

112/113: © 2000 Jose L Pelaez.
'he Stock Market.

114: Photographe inconnu.
:Stock.

117: *Bébé portant bonnet*
ionnel de la province de Guizoui,
:. © 2000 Yann Layma. Images
Stone.

119: *Portrait de bébé.*
graphe inconnu. Pix S.A.

20: *Bébé,* photographe inconnu.
A.

22/123: *Bébé en couveuse,*
graphe inconnu. Images colour
y.

24: *Bébé,* © 2000 Jim Erickson,
tock Market.

127 *Grand-mère avec un enfant.*
)0 Steve Satushek, Banque de
ge.

28: *Bébé,* photographe inconnu.
:s Colour Library.

130: Photographe inconnu.
r International.

132: Photographe inconnu.
: International.

134/135: *Bébé en automne,*
graphe inconnu. The Stock
et.

37: *Bébé à trois mois.* © 2000
lle Tokerud, Tony Stone.

138/139: *Bébé aux yeux*
illés. Romilly Lockyer. Banque
nage.

À PROPOS DE L'AUTEUR

Helen Exley est connue internationalement pour ses anthologies parmi les plus belles qui soient. Ses petits-livres de citations sur des thèmes familiaux ont déjà été vendus à plus de vingt-cinq millions d'exemplaires, en trente-sept langues. Imaginer et créer ces livres avec son équipe font toute sa joie et son enthousiasme.

À propos de son nouveau livre « ***Un bébé ...Quel Bonheur***», Hélène nous dit*:* *«L'arrivée d'un bébé est pour toute personne concernée comme un tremblement de terre. Un petit bébé est tellement vulnérable ! Tellement innocent! Son arrivée crée une émotion si intense que la vie n'en sera plus jamais la même. Dans ce petit être sans défense il y a un tel pouvoir que nous sommes liés à jamais.»*

Helen Exley a fait plusieurs petits-livres sur les bébés (par exemple ***Bonjour Bébé***), mais elle a voulu faire ici un ouvrage plus important qui puisse refléter l'immense renouveau apporté dans nos vies par les enfants. Avec ses collaborateurs, elle recueille des citations depuis dix-sept ans, citations d'auteurs illustres ou non qui toutes disent l'aventure inouïe que fut pour eux la naissance puis l'éducation d'enfants.

Une fois le projet d'écriture terminé, l'équipe d'Helen a recherché dans le monde entier les plus belles photographies de bébés afin de rendre ce beau petit-livre aussi universel que possible.

«Ce sujet est vraiment un des plus important de la planète », insiste Helen, *«si nous pouvions accueillir chaque enfant avec l'amour auquel il a droit, tant de problèmes de notre société seraient résolus! L'inexorable innocence de l'enfance nous donne une raison nouvelle et puissante de vouloir un monde meilleur».*

Helen Exley est PDG des Éditions Exley International qu'elle dirige avec son mari Richard Exley.

Quel Bonheur!

Un Bébé...Qu

Bonheur! Un Bébé...Quel

Un Bébé...Quel Bonheur!

Un Bébé...Un

Un Bébé...Quel Bonheur !

Bonheur!

Un Bébé...Que

Un Bébé...Quel Bonheur